电视台
风波

送给
想成为大侦探的

- - - - - -

你就是大侦探系列

图书在版编目（CIP）数据

电视台风波 / （法）普龙托文、图；吉木译 .
—上海：上海教育出版社，2020.4
（你就是大侦探系列）
ISBN 978-7-5444-9814-2

Ⅰ.①电… Ⅱ.①普…②吉… Ⅲ.①智力游戏－儿
童读物 Ⅳ.① G898.2

中国版本图书馆 CIP 数据核字 (2020) 第 045993 号

作　　者　【法】普龙托 文/图
译　　者　吉　木
责任编辑　管　倚
美术编辑　王　慧
装帧设计　王　慧

Terreur à la télé © Actes Sud, France, 2014
in the series C'est toi le détective
by Pronto (series directed by Cédric Ramadier)
Simplified Chinese translation copy right © 2020 by
Shanghai Educational Publishing House.
ALL RIGHTS RESERVED

Simplified Chinese rights are arranged by Ye ZHANG
Agency (www.ye-zhang.com)

本书中文简体字翻译版由上海教育出版社出版
版权所有，盗版必究

上海市版权局著作权合同登记号 图字 09-2018-945 号

电视台风波

出版发行	上海教育出版社有限公司	印　张	4 插页 1
官　网	www.seph.com.cn	版　次	2020年4月第1版
地　址	上海市永福路123号	印　次	2020年4月第1次印刷
邮　编	200031	书　号	ISBN 978-7-5444-9814-2/I.0185
印　刷	上海盛通时代印刷有限公司	定　价	35.80元
开　本	787×1092 1/16		

电视台风波

三案追踪

【法】普龙托 文/图 吉木 译

上海教育出版社
SHANGHAI EDUCATIONAL
PUBLISHING HOUSE

闲言碎语报

真新闻？假新闻？

昨天晚上，让所有人纳闷的是，新闻主持人皮埃尔不知道在电视新闻节目中说了些什么奇怪的内容。

起先，我们以为是电视台为提高低迷的收视率而采取的新策略，皮埃尔准备转为搞笑风格了，昨天是他的首次转型尝试。忍不住笑了一会儿之后，我们发觉，事情有点不对劲，他似乎情非得已。很快我们就意识到，他是被恶作剧了——新闻稿被换掉了！当天的新闻稿被换成了不知所云的内容。

究竟是谁，会在新闻直播这样一个重要时刻做这种事？根据初步调查，罪犯很可能就是这位明星主持人工作团队中的人，只有他们才有可能接触到要播报的新闻稿。相信依靠收集到的线索，很快就能揪出做手脚的人，让这家伙的阴谋诡计破产！

维西尔

个同伙在

被保安截

后，他跑

察局，

友跟他

戴上

铐

开

话

100

场景还原图

西佩
年龄：53 岁
身高：1.78 米
岗位：编辑部主任
住址：读读写写市修订街
　　　7 号

①

罗切特
年龄：49 岁
身高：1.82 米
岗位：总编辑
住址：拍板市知道巷 2 号

②

雅克
年龄：61 岁
身高：1.81 米
岗位：道具专员
住址：执行市意见路
　　　6 号

③

吉弗姆
年龄：39 岁
身高：1.80 米
岗位：摄影师
住址：快门市镜头街 1 号

⑤

亚当
年龄：46 岁
身高：1.79 米
岗位：导演
住址：开拍市进度街 3 号

④

埃尔莎
年龄：37 岁
身高：1.74 米
岗位：时尚新闻编辑
住址：美颜市服装街 10 号
⑥

奥勒沃
年龄：51 岁
身高：1.83 米
岗位：灯光师
住址：打光板市电灯街 8 号
⑦

桑布
年龄：56 岁
身高：1.77 米
岗位：高级记者
住址：问答市记录街 1 号
⑧

杰夫
年龄：42 岁
身高：1.84 米
岗位：体育记者
住址：赛跑市金牌街 5 号
⑨

凯斯
年龄：41 岁
身高：1.76 米
岗位：音效师
住址：噪音市混音街 9 号
⑩

L1T2 L3T4 L3T9   L3T3 L2T7 L3T4   L2T3 L2T7 L3T9
L2T5 L3T8   L3T3 L3T4   L2T4 L3T4   L3T5 L3T4 L1T7
L1T6 L3T8   L1T3 L3T9   L2T7 L3T8 L3T2 L1T7
L3T7 L3T8 L1T7   L2T4 L3T10 L1T7 L2T6

第一条线索

在编辑部的一台打字机上发现了一组密码信息：L 和后面的数字指向某个字母所在的行数（从下往上数），T 和后面的数字指向某个字母所在的列数（从左往右数）。请

第一个故事

托托问妈妈："我可以吃巧克力吗？"

妈妈严肃地看着他，说："说什么呢，托托？什么话，什么话？"

托托回答："巧克力的话？"

第二个故事

老师问托托："托托，你知道汉语拼音的第三个韵母念什么吗？"

托托被问住了："呃……"

老师说："答对了！"

第三个故事

老师指着一道出水进水的数学应用题问托托："托托，最后一名，这可没什么好骄傲的！这道题你根本没答！为什么写个电话号码在上面？"

托托说："老师，那是我爸爸的电话号码，他是水管工！"

第四个故事

老师问托托："太阳和月亮，哪个离我们更近啊？"

托托回答："老师，是太阳。"

老师问："为什么？"

托托说："因为我们现在能看到太阳，但看不到月亮！"

第五个故事

老师问："有人觉得自己有点傻吗？站起来！"

托托站了起来。

老师问："托托，你觉得自己有点傻？"

托托说："不是的，老师。可是看你一个人站着我挺难受的。"

第二条线索

图中就是被坏蛋掉包的新闻稿。

请阅读新闻稿第五个故事，想象一下故事中老师最后的反应会是什么，据此获得的信息可以排除一个嫌疑人。

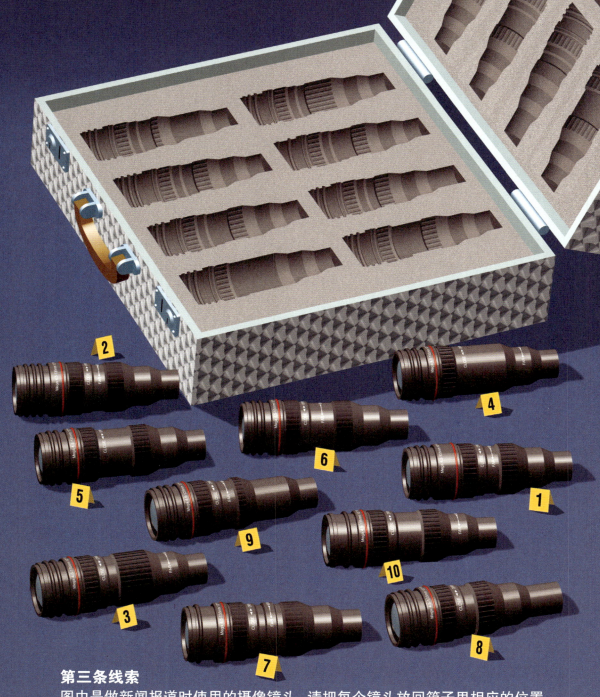

第三条线索

图中是做新闻报道时使用的摄像镜头，请把每个镜头放回箱子里相应的位置，你会发现有两个镜头不是放在这个箱子里的。请将标记这两个镜头的编号相加，所得之和与一个嫌疑人住所的门牌号相同，此人没有作案动机。

第四条线索

图中是搜查后找到的节目录像带，请将录像带按磁带从长到短的顺序排列，然后依序将它们标签上的字连在一起，根据所得的信息排除一个人的嫌疑。

第五条线索

图中屏幕上是 100 频道所有节目结束后显示的测试图像，请数一数屏幕上有多少块完整的正方形图形，这个数字和一个嫌疑人的年龄相同，此人的嫌疑可以排除。

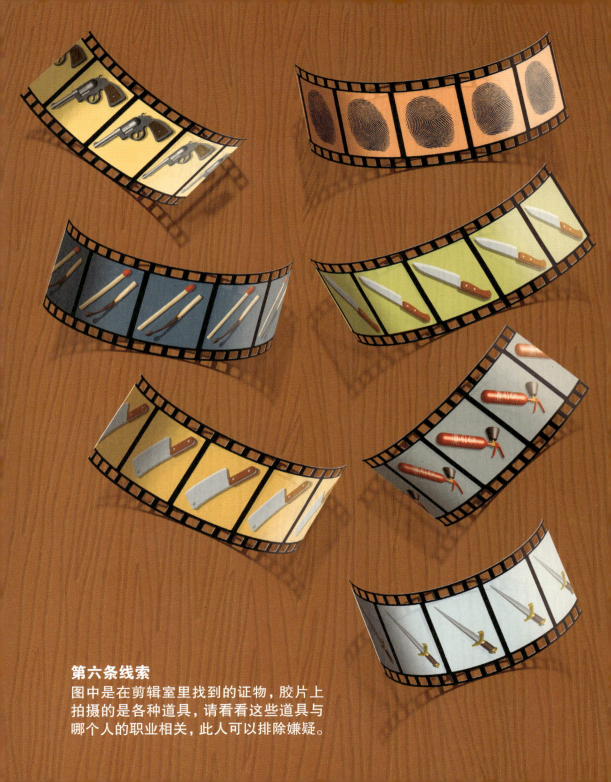

第六条线索

图中是在剪辑室里找到的证物，胶片上拍摄的是各种道具，请看看这些道具与哪个人的职业相关，此人可以排除嫌疑。

第七条线索

当天晚上的新闻之后是天气预报。

请先找出这个区域中的最高气温,将最高气温乘以雨天最低气温,所得数字与最北处的气温以及 26 相加,所得之和除以最西处的气温,减去最低气温,再将所得数字乘以最南处的气温。

最后所得数字和一个嫌疑人的身高(以厘米为单位)相同,此人可以排除嫌疑。

作为一名侦探，你必须拥有敏锐的观察、缜密的思维，抓住案件中的所有细微线索。

在本书的案件中，任何蛛丝马迹都可能为你指出破案的关键：

场景还原图，嫌疑人的序号，嫌疑人的外貌，嫌疑人的穿着打扮，嫌疑人的年龄和身高，嫌疑人的职业，嫌疑人的住址……一切都蕴含在着似毫不起眼的基本信息中。

一双发现的眼睛，加上冷静、缜密的头脑，相信你一定能拨开迷雾，找出罪犯！

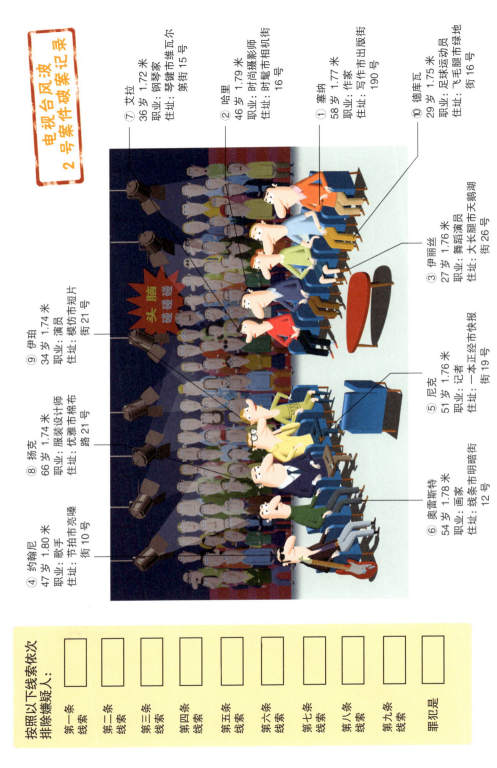

电视台风波
2 号案件破案记录

⑦ 艾拉
36 岁 1.72 米
职业：钢琴家
住址：琴键市维瓦尔
第街 15 号

② 哈里
46 岁 1.79 米
职业：时尚摄影师
住址：时髦市相机街
16 号

① 塞纳
58 岁 1.77 米
职业：作家
住址：写作市出版街
190 号

⑩ 德库瓦
29 岁 1.75 米
职业：足球运动员
住址：飞毛腿市绿地
街 16 号

③ 伊丽丝
27 岁 1.76 米
职业：舞蹈演员
住址：大长腿市天鹅湖
街 26 号

⑨ 伊珀
34 岁 1.74 米
职业：演员
住址：模仿市短片
街 21 号

⑧ 扬克
66 岁 1.74 米
职业：服装设计师
住址：优雅市棉布
路 21 号

④ 约翰尼
47 岁 1.80 米
职业：歌手
住址：节拍市亮嗓
街 10 号

⑤ 尼克
51 岁 1.76 米
职业：记者
住址：一本正经市快报
街 19 号

⑥ 奥雷斯特
54 岁 1.78 米
职业：画家
住址：线条市明暗街
12 号

按照以下线索依次
排除嫌疑人：

第一条
线索 ☐

第二条
线索 ☐

第三条
线索 ☐

第四条
线索 ☐

第五条
线索 ☐

第六条
线索 ☐

第七条
线索 ☐

第八条
线索 ☐

第九条
线索 ☐

罪犯是 ☐

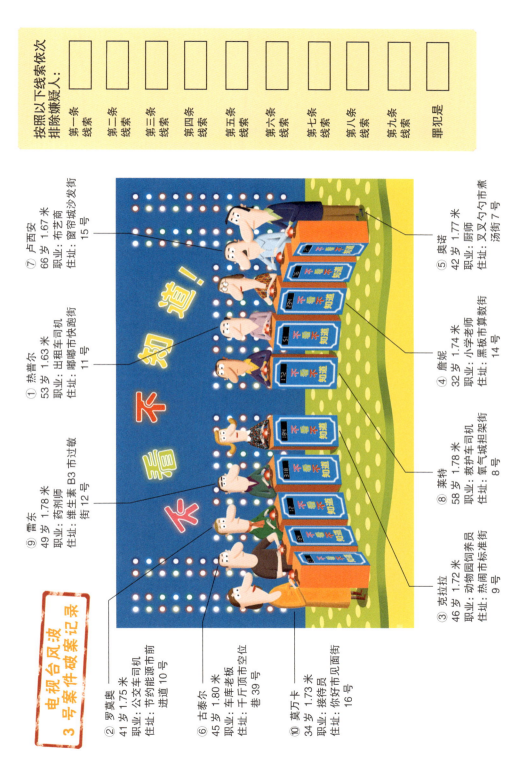

按照以下线索排除嫌疑人：

第一条线索 ☐
第二条线索 ☐
第三条线索 ☐
第四条线索 ☐
第五条线索 ☐
第六条线索 ☐
第七条线索 ☐
第八条线索 ☐
第九条线索 ☐
罪犯是 ☐

电视台风波
3号案件破案记录

⑦ 卢西安
66岁 1.67米
职业：布艺商
住址：窗帘沙发街 15号

⑤ 奥诺
42岁 1.77米
职业：厨师
住址：叉叉勺勺市煮汤街7号

① 热普尔
53岁 1.63米
职业：出租车司机
住址：嘟嘟市快跑街 11号

④ 詹妮
32岁 1.74米
职业：小学老师
住址：黑板市算数街 14号

⑨ 雷东
49岁 1.78米
职业：药剂师
住址：维生素B3市过敏街 12号

⑧ 莱特
58岁 1.78米
职业：救护车司机
住址：氧气城担架街 8号

② 罗莫奥
41岁 1.75米
职业：公交车司机
住址：节约能源市前进道 10号

⑥ 古本尔
45岁 1.80米
职业：车库老板
住址：千斤顶市空位巷 39号

③ 克拉拉
46岁 1.72米
职业：动物园饲养员
住址：热闹市标准街 9号

⑩ 莫万卡
34岁 1.73米
职业：接待员
住址：你好市见面街 16号

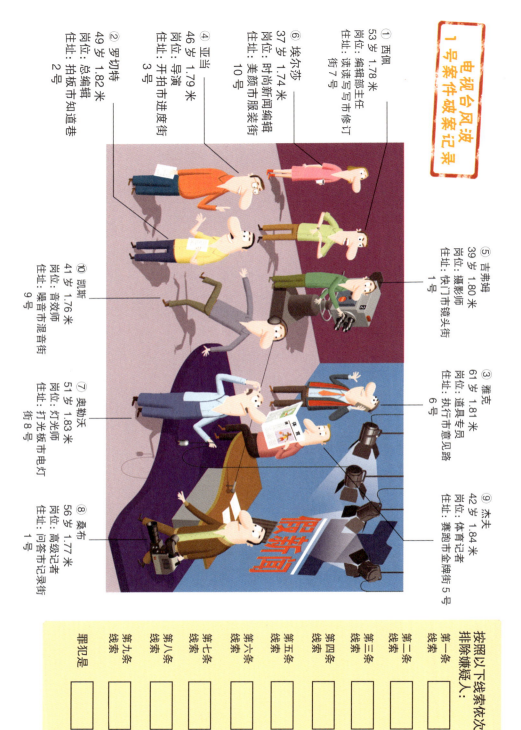

电视台台风波
1 号案件破案记录

① 西佩
53 岁 1.78 米
岗位：编辑部主任
住址：读读写写市修订街 7 号

⑥ 埃尔莎
37 岁 1.74 米
岗位：时尚新闻编辑
住址：美颜市服装街 10 号

④ 亚当
46 岁 1.79 米
岗位：导演
住址：开拍市进度街 3 号

② 罗切特
49 岁 1.82 米
岗位：总编辑
住址：拍板市知道巷 2 号

⑩ 凯斯
41 岁 1.76 米
岗位：音效师
住址：噪音市混音街 9 号

⑤ 吉弗姆
39 岁 1.80 米
岗位：摄影师
住址：快门市镜头街 1 号

③ 雅克
61 岁 1.81 米
岗位：道具专员
住址：执行市意见路 6 号

⑨ 杰夫
42 岁 1.84 米
岗位：体育记者
住址：赛跑市金牌街 5 号

⑦ 奥勒沃
51 岁 1.83 米
岗位：灯光师
住址：打光市电灯街 8 号

⑧ 桑布
56 岁 1.77 米
岗位：高级记者
住址：问答市记录街 1 号

假新闻

按照以下线索依次排除嫌疑人：

第一条线索
第二条线索
第三条线索
第四条线索
第五条线索
第六条线索
第七条线索
第八条线索
第九条线索
罪犯是

第八条线索

图中是前一期新闻节目的回放，回放的画面和声音质量都很差，请将主持人播报的内容里汉字中缺漏的竖线条填补完整，看看主持人告诉了我们什么秘密，根据所得信息排除一个嫌疑人。

第九条线索

调查人员搜查了 100 电视台的停车场，发现这辆转播车的车身涂满了奇奇怪怪的图画，其中好像隐藏着神秘信息。请破解信息，根据信息排除某个人的嫌疑。

成功破案!
根据搜集到的线索排除了一个又
一个嫌疑人，现在可以找
到把新闻稿掉包的
坏蛋啦！

西佩　　　　罗切特　　　　雅克　　　　亚当　　　　吉弗姆

如果你卡在了哪一条线索上，又很想知道是怎么回事，请把书**翻到下一页**，对着镜子，你就能在镜子里看到答案→

埃尔莎　　　奥勒沃　　　桑布　　　杰夫　　　凯斯

案件核查办公室

第一条线索
排除杰夫（Wei zheshi fuze de ren bu xihuan yundong，为这事负责的人不喜欢运动）

第二条线索
排除西丽（发火，生气）

第三条线索
排除奥利沃（1+7=8）

第四条线索
排除凯瑟（这一个大环重不重长调音）

第五条线索
排除桑布（56）

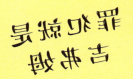

案件核查办公室

第六条线索
排除雅克（道具专员）

第七条线索
排除罗贝尔特（［（30×20+24+26）÷25-19］
×26=182）

第八条线索
排除埃尔范（年记最轻的人没有作案嫌疑）

第九条线索
排除亚瑟当（视力不需要眼镜）

罪犯是——

（便利贴）罪犯就是
吉米娅

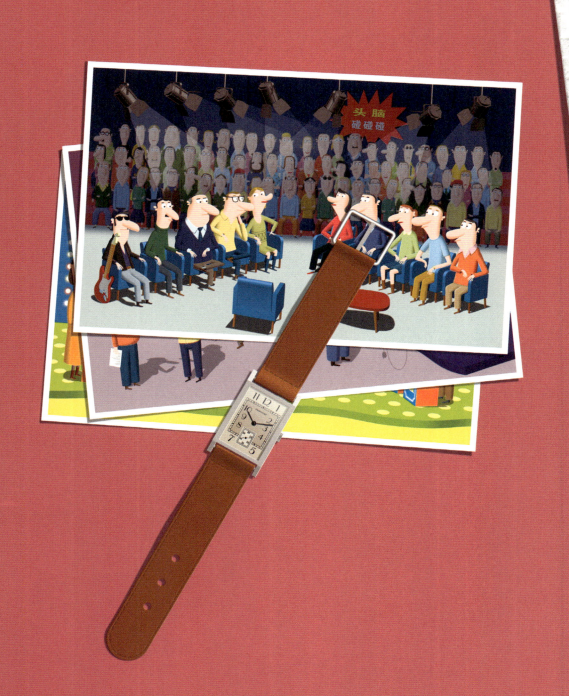

世纪号外

疯疯笑笑，上台失控

电视台的麻烦事真是一件接着一件啊！综艺节目《头脑碰碰碰》的录制现场，主持人尼克斯忽然在台上失控了！他狂笑不止，保安部门只好把他带下台。因为调查需要，电视台的工作间迅速被封锁，所有地方都要进行仔细搜查。经过技术分析，应该是主持人喝的咖啡里混进了一大把含有兴奋剂成分的药片。

是谁下的药？据了解，当天受邀到场的十位嘉宾都有嫌疑。只有进行彻底调查，抓住一切蛛丝马迹，才能揭开谜底！

英国人用芦笋预测未来
一位预言者用芦笋
预测 2030 年运势

英国人拉里把几根芦笋抛

你最美

场景还原图

塞纳
年龄：58 岁
身高：1.77 米
职业：作家
住址：写作市出版街
190 号
①

哈里
年龄：46 岁
身高：1.79 米
职业：时尚摄影师
住址：时髦市相机街 16 号
②

伊丽丝
年龄：27 岁
身高：1.76 米
职业：舞蹈演员
住址：大长腿市天鹅湖街
26 号
③

尼克
年龄：51 岁
身高：1.76 米
职业：记者
住址：一本正经市快报街
19 号
⑤

约翰尼
年龄：47 岁
身高：1.80 米
职业：歌手
住址：节拍市亮嗓街 10 号
④

奥雷斯特
年龄：54 岁
身高：1.78 米
职业：画家
住址：线条市明暗街 12 号
⑥

艾拉
年龄：36 岁
身高：1.72 米
职业：钢琴家
住址：琴键市维瓦尔第街 15 号
⑦

扬克
年龄：66 岁
身高：1.74 米
职业：服装设计师
住址：优雅市棉布路 21 号
⑧

伊珀
年龄：34 岁
身高：1.74 米
职业：演员
住址：模仿市短片街
21 号
⑨

德库瓦
年龄：29 岁
身高：1.75 米
职业：足球运动员
住址：飞毛腿市绿地街 16 号
⑩

塞纳著
大牌女歌手
上海教育出版社

塞纳著
他的念头
吓到了我

塞纳著
一路晋级
上海教育出版社

塞纳著
游泳保卫战

塞纳著
寄生虫追踪
上海教育出版社

一定是奶酪！
塞纳著
上海教育出版社

塞纳著
自动扶梯
上的响尾蛇

第一条线索
图中是主持人尼克斯准备在节目中介绍的书，请仔细观
察书的封面，根据得到的相关信息排除一个嫌疑人。

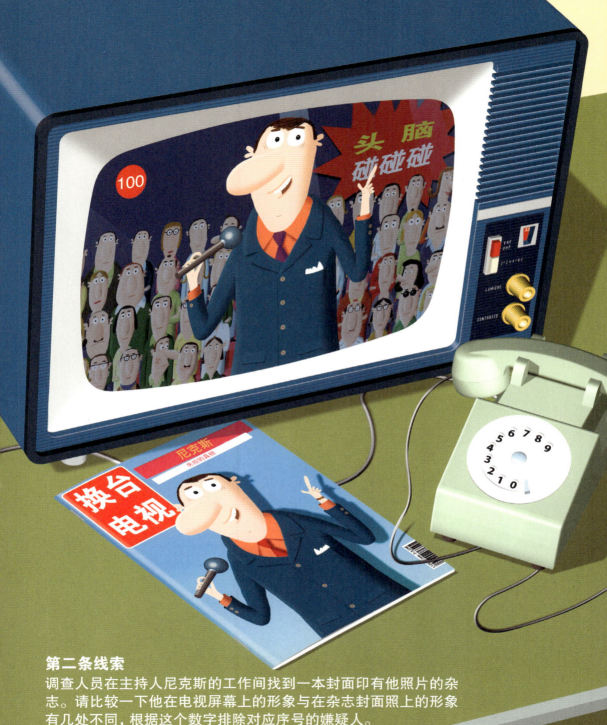

第二条线索

调查人员在主持人尼克斯的工作间找到一本封面印有他照片的杂志。请比较一下他在电视屏幕上的形象与在杂志封面照上的形象有几处不同,根据这个数字排除对应序号的嫌疑人。

红色皮革

墨镜碎片

黄绿相间的布料纤维

水彩颜料

相片胶片

32A

记者证

针　线

土黄色布料纤维

失控了！他
安部门只好把
台。因为调查部

6

书页碎片

第三条线索

案发现场经过了仔细排查。请仔细分析搜集到的每一件证物，然后与
嫌疑人一一比对。

没有任何关联的人可以排除嫌疑。

第四条线索

这档节目的摄影师在罪犯逃走的时候见过他，他不能完全认出罪犯的样子，但是可以确定罪犯至少有一个细节是和自己相同的，只有一个嫌疑人可以排除在外，请找出这个嫌疑人并排除他的嫌疑。

第五条线索

下图是《头脑碰碰碰》节目的现场观众。请按照以下步骤，一步步排除某个嫌疑人：

1. 找出两侧都坐着戴眼镜的人的观众。
2. 找出上衣颜色与此人相同的人。
3. 找出与这个人右边的人发型相同的人。
4. 找出与此人眼睛注视方向相同的人。
5. 找出与这个人脸上特征相同的人。
6. 找出与这个人脸上表情相同的人。
7. 与此人正后方的人长得十分相似的一个嫌疑人可以排除嫌疑。

第六条线索

就在节目直播之前，主持人尼克斯打翻了一杯咖啡。请仔细观察咖啡洒在地上的污渍，数一数有多少种不同的形状。这个数字和一个嫌疑人住址的门牌号相同，此人可以排除嫌疑。

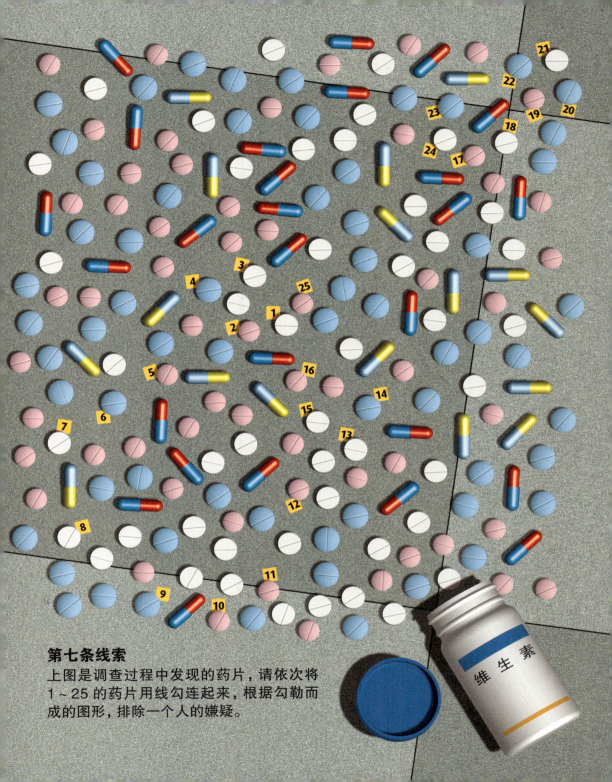

第七条线索

上图是调查过程中发现的药片，请依次将
1～25 的药片用线勾连起来，根据勾勒而
成的图形，排除一个人的嫌疑。

第八条线索

对尼克斯的询问进行得很吃力,因为药力还未清除,他说话断断续续,连不起来。请删去他话里的笑声,根据有效信息排除一个人的嫌疑。

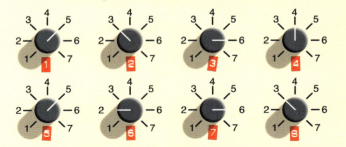

第九条线索

下面是嫌疑人的笔录，其中有些人似乎没有完全说真话。请依次分析他们的话，辨别真假。1至8号嫌疑人分别对应控制台上1至8号旋钮。

· 如果嫌疑人说的全是真话，请将与他对应的旋钮朝左旋一格。
· 如果嫌疑人说的全是假话，请将与他对应的旋钮朝右旋一格。
· 如果嫌疑人说的话半真半假，与他对应的旋钮保持不动。

将最终得到的八个数字相加，所得之和与一个嫌疑人的年龄相同，可以排除此人嫌疑。

1. 塞纳："我年龄最大，我住在乡下。"
2. 哈里："我个子不是最高的，我喜欢拍照。"
3. 伊丽丝："我年龄不是最小的，我的头发是金色的。"
4. 约翰尼："我个子最高，我讨厌音乐。"
5. 尼克："我不会写作，我视力很好。"
6. 奥雷斯特："我喜欢逛画展，我没留胡子。"
7. 艾拉："我能识乐谱，我是女性中年龄最大的。"
8. 扬克："我不会做衣服，我留着长头发。"

成功破案！
搜集到的线索排除了一个
又一个嫌疑人，现在你可以
锁定下药的罪犯啦！

塞纳　　　　哈里　　　　伊丽丝　　　　约翰尼　　　　尼克

如果你卡在了哪一条线索上，又很想知道
是怎么回事，请把书**翻到下一页**，对着镜子，
你就能在镜子里看到答案→

奥雷斯特　　　艾拉　　　　扬克　　　　伊珀　　　　德库瓦

2 号案件 案件核查办公室

第一条线索
捉拿塞纳尔（塞纳尔，作家）

第二条线索
捉拿怕拉克（8）

第三条线索
捉拿伊丽莎白

第四条线索
捉拿帕里里

第五条线索
捉拿奥雷莫基特

案 件 核 查 办 公 室

第六条线索
排除尼克（19）

第七条线索
排除乔纳巴（吉他）

第八条线索
排除珀拉（演员）

第九条线索
排除艾拉
（6+2+7+4+6+2+5+4=36）

罪犯是——德维瓦！

无奖游戏！

100 电视台的黑洞还在继续！就在昨天晚上，游戏竞猜节目《不看不知道》的主持人正要给优胜者颁奖时，发现奖品竟然不翼而飞，被偷走了！

目前我们还不清楚总的损失有多大，但这对电视台来说无疑是一次沉重的打击。赢了奖的倒霉蛋也没法离开电视台了，被警察作为嫌疑人留了下来。罪犯应该就在来参加节目的人中间，或许他是怕自己输了会空手而归。

调查工作不会轻松，但是依靠已经搜集的线索，相信很快就能抓住罪犯，让他明白这可不是什么好玩的游戏！

潜入公寓
冷冻火鸡

上周二点钟，一家，偷走一只火鸡偷窃案皮子底的两个不过受到认得米人

扮狗吓跑小偷

一女子采取了一个策略——装狗叫，小

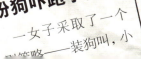

热普尔
年龄：53 岁
身高：1.63 米
职业：出租车司机
住址：嘟嘟市快跑街 11 号
①

罗莫奥
年龄：41 岁
身高：1.75 米
职业：公交车司机
住址：节约能源市前进道
10 号
②

克拉拉
年龄：46 岁
身高：1.72 米
职业：动物园饲养员
住址：热闹市标准街 9 号
③

奥诺
年龄：42 岁
身高：1.77 米
职业：厨师
住址：叉叉勺勺市煮汤街
7 号
⑤

詹妮
年龄：32 岁
身高：1.74 米
职业：小学老师
住址：黑板市算数街 14 号
④

古泰尔
年龄：45 岁
身高：1.80 米
职业：车库老板
住址：千斤顶市空位巷 39 号

⑥

卢西安
年龄：66 岁
身高：1.67 米
职业：布艺商
住址：窗帘城沙发街 15 号

⑦

莱特
年龄：58 岁
身高：1.78 米
职业：救护车司机
住址：氧气城担架街 8 号

⑧

雷东
年龄：49 岁
身高：1.78 米
职业：药剂师
住址：维生素 B3 市
　　　过敏街 12 号

⑨

莫万卡
年龄：34 岁
身高：1.73 米
职业：接待员
住址：你好市见面街 16 号

⑩

不看不知道！

球拍

水桶

钥匙

西瓜刀

橘子

漏斗

锯子

灯泡

海绵

100

2

第一条线索

图中是失窃案发生之前的节目布景台，中间一排的物品与某个嫌疑人的职业有关。
罪犯故意混淆大家的视线，所以此人的嫌疑可以排除。

第二条线索

节目中间的广告时段插播过一个奇怪的画面，这个画面也与一个嫌疑人的职业有关。罪犯故意布了一个疑阵，所以此人的嫌疑也可以排除。

第三条线索

有好几位目击证人看到罪犯跑出电视台大楼，但是他们的证词有很多相互矛盾的地方，以至于根据证词画出的嫌疑人画像乱七八糟！只有一个嫌疑人与这张画像没有任何共同点，此人可以排除嫌疑。

不看不知道！

第四条线索

调查人员通过回看整个节目，又发现了新的线索。请分析节目主持人泰克斯播报的比赛情况，确定哪一个人赢的金额最多，此人没有作案动机，可以排除嫌疑。

克拉拉赢得了 327 元！
古泰尔赢得的，
比克拉拉多 31 元！
詹妮赢得的是，
克拉拉的两倍！
莫万卡赢得的，
比詹妮少 43 元！
奥诺赢得的，
比莫万卡多 42 元！
莱特赢得的是，
莫万卡与克拉拉的差额！
卢西安赢得的是，
莱特的两倍！
罗莫奥赢得的是，
莱特与古泰尔的总和！
热普尔赢得的，
比罗莫奥少一倍！
雷东赢得的是，
热普尔与莱特的总和！

第五条线索

节目录制过程中，有的选手前方显示的金额不太正常。请根据图上已显示金额的规律，分别填写第五位选手、第十位选手前方应显示的金额。

分别将补出的数字视为一个两位数，然后将两者相加，所得之和与一个嫌疑人
的年龄相同，此人的嫌疑可以排除。

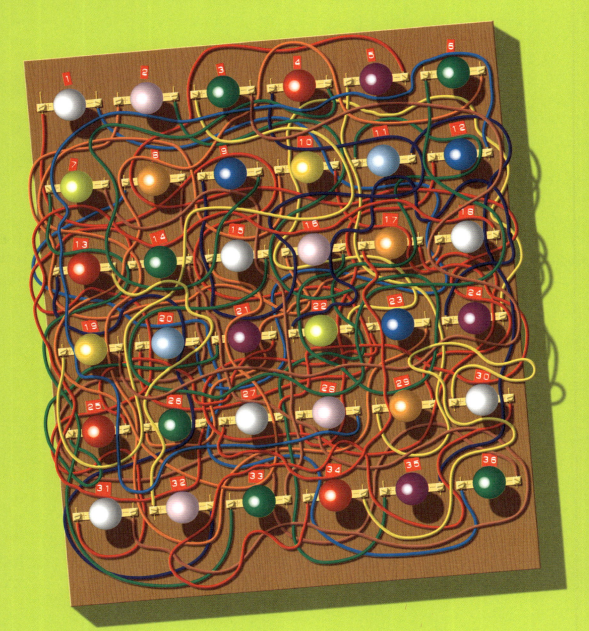

第六条线索

节目所有的布景设备都被列作了证物。节目当中使用的彩灯电路出现严重错误，有些灯泡的正极连接到了另一只灯泡的负极上。请找出因接线错误导致无法点亮的灯泡，记下它们的编号，然后将所有编号数字相加，所得之和与一个嫌疑人的身高（以厘米为单位）相同，此人的嫌疑可以排除。

第七条线索

图中是散在节目布景台旁边地上的备用灯泡，不同颜色的灯泡混在一起，只有一个灯泡摆放的角度与其他灯泡不同。请仔细观察，找出这个灯泡，灯泡的颜色与一个嫌疑人衣服的颜色相同，可以排除此人的嫌疑。

第八条线索

图中是节目的一个题板，请划去所有与电视节目相关的词语，看看最后剩下的汉字有几个，这个数字和一个嫌疑人住址的门牌号相同，可以排除此人的嫌疑。

第九条线索

布景师需要把一些小道具固定在录影棚的墙上，但是墙上预备的洞眼与道具不能完全对上，请你看看，有几个道具无法与墙上的洞眼匹配？这个数字与某个嫌疑人居住的城市名称有关，此人的嫌疑可以排除。

成功破案！

根据搜集到的线索排除了一个又一个嫌疑人，现在你可以锁定偷奖品的罪犯啦！

热普尔　　　罗莫奥　　　克拉拉　　　詹妮　　　奥诺

如果你卡在了哪一条线索上，又很想知道是怎么回事，请把书**翻到下一页**，对着镜子，你就能在镜子里看到答案→

古泰尔　　　卢西安　　　莱特　　　雷东　　　莫万卡

结案

档存 文件

3号案件

第一条线索
排除奥诺（厨师）

第二条线索
排除克拉拉（动物园饲养员）

第三条线索
排除莫万卡

第四条线索
排除瞻观（克拉拉 327，古秦尔 358，瞻观 654，莫万卡 611，奥诺 653，莱特 284，卢西安 568，罗莫奥 642，热普尔 321，雷东 605）

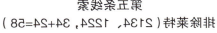

第五条线索
排除莱特（2134，1224，34+24=58）

第六条线索
排除热普尔
（6+10+13+15+23+30+32+34=163）